GOLDMANN

In der Reihe Goldmann Farbige Ratgeber
sind bisher folgende Bände erschienen:

Ganz ohne Fleisch. Gesund mit vegetarischer Küche (10250)
Stricken. Die neue Strickschule (10251)
Pasta-Buch. Die schönsten Nudelgerichte (10252)
Backen. Kuchen, Torten und Gebäck (10253)
Schöne Strickmodelle.
Jacken, Pullunder, Westen und Pullis (10254)
Diät. Schlank, gesund, schön (10255)
Naturapotheke. Rezepte von Mutter Natur (10256)
Balkon, Terrasse, Blumenkästen (10258)
Einmachen. Süßes und Pikantes aus Obst und Gemüse (10259)
Der Intensivgarten. Hoher Ertrag auf kleinstem Raum (10261)
Mein Kräuterbuch. Für Küche und Gesundheit (10262)
Häkeln. Die neue Häkelschule mit vielen Anregungen (10263)
Biologischer Nutzgarten.
Giftfreier Anbau von Obst und Gemüse (10264)
Wasser im Garten. Das Feuchtbiotop – Anlage und Pflege (10265)
Das Gemüsekochbuch. Von Artischocke bis Zucchini (10266)
Das Kartoffel-Kochbuch.
Rezeptideen für Suppen, Vorspeisen und Hauptgerichte (10268)
Das Lamm-Kochbuch.
Die besten Rezepte der internationalen Küche (10270)
Das Fisch-Kochbuch. Von Aal bis Zander (10271)
Das Auflaufbuch. Rezepte – mal süß, mal pikant (10272)
Der Naturgarten (10275)
Der Steingarten (10276)
Der kleine Garten (10277)
Der Wintergarten (10278)
Das Honigbuch (10279)
Gesund durch Ballaststoffe (10280)
Richtig salzen. Gesund und schlank mit Salz (10281)

Patrice Dard

COCKTAILS UND DRINKS

Köstliche Rezepte mit und ohne Alkohol

Mit
freundlicher Empfehlung
Ihr

GOLDMANN VERLAG

Photos: Daniel Czap
Redaktion: Claudia Bräunig
Layout: Sebastian Strohmaier

Deutsche Erstausgabe
Aus dem Französischen übertragen von Sabine Fischer
Titel der Originalausgabe: Le Grand Livre des Cocktails
Originalverlag: Editions Solar, Paris

Sonderauflage
Made in Germany · 3/91

Umschlagentwurf: Design Team München
Umschlagbild: Studio René Lauert,
Bertelsmann Bildstelle
Verlagsnummer: 10273
Lektorat: Ulrike Kloepfer
Herstellung: Sebastian Strohmaier
ISBN 3-442-10273-1

Inhalt

Cocktails – und etwas Geschichte

Der Cocktail ist keine moderne Erfindung. Schon die Gallier versetzten Wein mit Honig und nannten dieses Getränk Met, karibische Seefahrer ließen Wurzeln in Rum ziehen, und auch viele andere Völker kennen Gemische aus verschiedenen Getränken. Woher die Bezeichnung »Cocktail« aber wirklich kommt, kann keiner so genau erklären. Obwohl der Ausdruck ziemlich englisch klingt, ist seine angelsächsische Etymologie nicht bewiesen. Die Franzosen leiten ihn z. B. von dem Wort »coquetèle« ab, eine Bezeichnung für ein Getränk aus der Charente, aus dem sich der Pinot entwickelt haben soll. Eine andere Erklärung für die Herkunft des Wortes Cocktail ist die Deformation des Ausdrucks »coquetier« (Eierbecher), ein Gefäß, in dem angeblich die ersten Cocktails serviert wurden. Die Amerikaner allerdings kennen eine ganz andere Geschichte zur Geburtsstunde des Cocktails: Eine Schankwirtin aus Virginia rupfte, um sich an ihrem Nachbarn zu rächen, dessen Hahn und schmückte mit den Hahnenfedern die Gläser, in denen sie ihren Gästen Mixgetränke servierte. Die so mit dem »Hahnenschwanz« dekorierten Getränke nannte man spontan »Cock's Tails«. Der Begriff »Cocktail« oder zu deutsch »Hahnenschwanz« ist aber auch eine Anspielung auf die vielfältig schillernden Farben eines Hahnengefieders, die man auch mit den Alkoholmischungen zu erzielen versucht.

Wie auch immer der Cocktail entstanden sein mag und die Herkunft des Begriffs zu erklären ist, in jedem Fall ist es ein großes Vergnügen, Cocktails selbst zu mixen und zu genießen.

Cocktails mixen

Es gibt vier Methoden, einen Cocktail herzustellen. Je nach Zutaten benutzt man verschiedene Geräte.

Elektromixer

Wenn das Rezept frische Früchte enthält, die zerkleinert und mit hochprozentigem Alkohol oder einem Likör vollkommen vermischt werden sollen, muß der Cocktail in der elektrischen Rührmaschine oder einem Elektromixer zubereitet werden. Auch Eiswürfel, die man in zerstoßener Form für viele Cocktails braucht, damit die Getränke schnell gekühlt werden können, kann man in der Maschine zerkleinern.

Shaker

Enthält das Rezept Eier, Honig, Sahne oder auch Alkohol und Liköre mit unterschiedlichem spezifischen Gewicht, benutzt man einen Shaker. Der Shaker setzt sich aus zwei Teilen zusammen: Der eine besteht aus einem großen Becher, der andere, obere Teil verjüngt sich flaschenhalsartig zu einer Öffnung, die mit einem Sieb und einer Verschlußkappe versehen ist.
Normalerweise werden alle Zutaten mit dem Eis zusammen in den Shaker gegeben. Man verschließt ihn sorgfältig, schüttelt kräftig und serviert die cremig und eiskalt gewordene Flüssigkeit umgehend. Der Shaker bietet die Möglichkeit, Zutaten mit unterschiedlichem spezifischen Gewicht vollständig miteinander zu verbinden. Das Zusetzen von Eis erhöht die Reibung, fördert dadurch noch die

Vermischung der Zutaten und führt gleichzeitig zu einer erheblichen Kühlung des Getränks. Es ist in jedem Rezept angegeben, wie lange der Cocktail geschüttelt werden soll. Befolgen Sie diese Angabe möglichst genau, denn der Cocktail wird durch zu langes Schütteln zwar kälter, er büßt aber auch mehr von seiner Stärke ein, da er durch das zu Wasser schmelzende Eis verlängert wird.

Rührglas

Bei der dritten Methode der Cocktailherstellung verwendet man ein Rührglas, d. h. einen recht großen Glasbehälter. Man gibt Alkohol und Eis hinein und rührt die Zutaten mit einem langen Barlöffel so lange um, bis das Glas beschlägt. Dann serviert man den Cocktail, wobei man ihn meist vorher noch durch ein Sieb seiht.

Cocktails direkt im Glas anrühren

In manchen Fällen ist die Vermischung der Zutaten nur teilweise oder überhaupt nicht erwünscht, wie zum Beispiel in Cocktails mit mehreren verschiedenfarbigen Schichten. Hier wird die Flüssigkeit mit Hilfe eines kleinen Löffels oder auch einer Pipette vorsichtig in das Glas gegeben.

Weitere Hilfsmittel

Neben Mixer, Shaker und Rührglas gehören noch andere unerläßliche Utensilien in die Bar: ein langer Barlöffel und ein Sieb für das Rührglas sowie ein Meßbecher zum Abmessen der jeweils nötigen Mengen.

Löffel, Messer, Holzbrett, Korkenzieher, Flaschenöffner, Eiskühler, Eiszange, Muskatreibe, Cocktailpicker zur Dekoration der Gläser mit Fruchtspießen sowie Strohhalme in bunten Farben zum Verzieren und Probieren vervollständigen die Ausstattung der Bar.

Die Wahl der Gläser

Sehr wichtig ist auch die Wahl der Gläser, denn man trinkt Champagner nicht aus Kaffeetassen, Fruchtsaft nicht aus Likör- und Tequila nicht aus Henkelgläsern. Hier spielen jedoch Gewohnheit und gesunder Menschenverstand eine größere Rolle als allzu strikte Regeln.

Der klassische Satz Gläser, bestehend aus Wasser-, Rotwein-, Weißwein- und Sektgläsern, genügt bereits, um eine Reihe von Cocktails zuzubereiten.

Longdrinks serviert man normalerweise in hohen Gläsern, die Whiskeygläser oder Tumbler genannt werden. Es gibt sie in verschiedenen Größen, die man je nach Stärke und Art des Cocktails aussucht.

Auch alle Arten von Stengelgläsern, Tulpen, Schalen, Sherry-, Bordeaux- und Burgundergläsern eignen sich für Cocktails. Es gilt die Regel, daß starke Cocktails in kleinen Gläsern gereicht werden, raffinierte Cocktails in feineren, eleganteren Gläsern. Bierkrüge, Glastassen und Digestif-Gläser vervollständigen die Ausstattung des Barmixers.

Wichtiger noch als die treffende Wahl des Glases ist selbstverständlich das Servieren des Cocktails in Gläsern ein und derselben Sorte.

Welche Getränke in die Bar gehören

Neben so wichtigen Spirituosen wie Gin, Rum, verschiedenen Whiskeysorten und Vermouth gehören Sekt, Wein und Cognac in eine Bar. Die »ideale« Bar enthält darüberhinaus einen Anislikör wie Ricard oder Pernod, klare Fruchtschnäpse wie etwa einen Pflaumen- oder Birnenschnaps oder Himbeergeist, einen Portwein, einen Wodka, Tequila und verschiedene Crèmes (z.B. Crème de Cassis) und Liköre.

Weitere Cocktailzutaten sind Tee, Kaffee, Schokolade, Milch, Sahne und Eier sowie Fruchtsäfte und -sirups, die sowohl für alkoholische als auch alkoholfreie Cocktails gebraucht werden.

Ist die Getränkeausstattung der Bar komplett, darf auch der Kühlschrank nicht leer sein, denn viele Cocktails serviert man mit frischen Fruchtscheiben oder Fruchtspießen. Oliven, kandierte Früchte, frische Minze, Gurke und Sellerie verleihen einem Drink den letzten Pfiff. Aromastoffe und Gewürze wie Worcestersauce, Angostura, Zucker, Salz, Pfeffer, Zimt, Ingwer und Muskatnuß verfeinern den Geschmack eines Cocktails, während Tonic, Coca Cola, Ginger Ale, Selterswasser und Perrier zum Verdünnen verschiedener hochprozentiger Alkoholika dienen.

Am besten variieren Sie Ihre Bestände von Zeit zu Zeit ein wenig, damit Sie Ihren Gästen des öfteren etwas Neues bieten können.

Einige Hinweise zu diesem Buch

Die Zutaten und ihr Mischungsverhältnis sind jeweils in Bruchzahlen (½, ⅓, ¼ etc.) angegeben, damit Sie problemlos einen oder zehn Cocktails der gleichen Sorte mischen können. Alle anderen Angaben beziehen sich jeweils auf ein Glas. Jedem Rezept dieses Buches ist ein Informationskasten vorangestellt, der die für den jeweiligen Cocktail wichtigen Angaben auf einen Blick darstellt. Hier ist das Basisgetränk des Cocktails sowie seine alkoholische Stärke (gestaffelt von 0 = alkoholfrei bis 9 = hochprozentig) angegeben und wie der Cocktail zubereitet wird, also ob er z. B. im Shaker, Mixer, Rührglas oder direkt im Glas gemixt wird. Außerdem erfahren Sie, welches Glas passend ist, wie warm oder kalt der Cocktail serviert werden sollte und zu welcher Gelegenheit man ihn am besten trinkt.

Das Buch ist alphabetisch nach Basisgetränken geordnet, außerdem finden Sie am Ende ein alphabetisches Register.

Köstliche Cocktailrezepte von A–Z

Anis-Cocktails

Basisgetränk: Anisette (Pernod oder Ricard o. ä.)
Stärke: 5
Zubereitung: im Trinkglas
Servieren: in einem Pastis-Glas
Wird sehr kalt
als Aperitif getrunken.

2/8 Anisette, 5/8 frisches Wasser,
1/8 Fruchtlikör (nach Wahl)

In ein Pastis-Glas Fruchtlikör, Anisette und dann das Wasser geben. Umrühren und zwei Eiswürfel zufügen. Mit Crème de Cassis mixt man einen »**Canisse**«, mit Himbeerlikör einen »**Roseline**« und mit Curaçao blue einen »**Barbarie**«. Sie können aber auch mit vielen anderen Fruchtlikören experimentieren.

Parasol

Basisgetränk: Anisette
Stärke: 4
Zubereitung: im Trinkglas
Servieren: in einem großen Cocktailglas
Wird kalt
als Aperitif getrunken.

¼ Zitronensaft, ¾ Anisette
1 Spritzer grüner Pfefferminzlikör, 1 Spritzer Grenadine

Eine Handvoll gestoßenes Eis in ein großes Cocktailglas oder ein Bordeaux-Glas geben. Den Minzlikör ganz langsam beifügen, damit das Eis Zeit hat, sich grün zu färben. Nacheinander Zitronensaft und Anisette zugeben. Nochmals gestoßenes Eis und den Spritzer Grenadine zufügen. Mit dem Strohhalm sofort trinken.

Parasol

Apple Jack

Basisgetränk: Calvados
Stärke: 8
Zubereitung: im Shaker
Servieren: in einem Digestif-Glas
Wird kalt
als Digestif getrunken.

1/7 Zitronensaft, 1/7 Grenadine,
2/7 Birnengeist, 3/7 Calvados

Zitronensaft, Grenadine, Birnengeist und Calvados ohne Eis in den Shaker geben. 10 Sekunden schütteln und in einem Cognacschwenker servieren. Einen Eiswürfel zufügen und mit einer Orangenscheibe dekorieren.

Normandie

Basisgetränk: Calvados
Stärke: 7
Zubereitung: im Shaker
Servieren: im Weinglas
Wird sehr kalt
als Aperitif getrunken.

1/3 Calvados, 2/3 Cidre, 1 Eßlöffel Honig

Calvados, Cidre und Honig in den zur Hälfte mit Eiswürfeln gefüllten Shaker geben. 30 Sekunden kräftig schütteln und ohne Eis in einem Weißwein- oder Cocktailglas servieren. Normandie ist ein äußerst delikates Getränk, dessen Raffinesse und Sanftheit über seine tatsächliche Stärke hinwegtäuschen. Es ist also Vorsicht geboten!

Apple Jack

Alexandra

Alexandra

Basisgetränk: Cognac
Stärke: 5
Zubereitung: im Shaker
Servieren: im Cocktailglas
Wird kalt als Digestif getrunken.

⅓ Kakaolikör, ⅔ Cognac, 1 Eßlöffel Crème fraîche

Kakaolikör, Cognac und Crème fraîche in den Shaker geben. Einige Eiswürfel zufügen. 30 Sekunden schütteln. Den Cocktail ohne das Eis servieren, aber nicht abseihen. In ein verziertes Cocktailglas füllen, dessen Rand man mit farblosem Sirup befeuchtet und dann in Kakaopulver taucht. Man kann auch die Crème fraîche erst zum Schluß in das Glas geben.

Cocktailsprache

- **Cobbler:** Longdrink, häufig fruchtig und mit Mineralwasser oder Champagner verlängert.
- **Collins:** Longdrink auf Gin- oder Whiskeybasis, mit Selterswasser oder Soda verlängert.
- **Cooler:** Longdrink mit niedrigem Alkoholgehalt.
- **Fizz:** Longdrink auf alkoholischer Basis mit Zitrone und Mineralwasser.
- **Grog:** Heißes, alkoholisches Getränk.
- **Julep:** Getränk auf Whiskeybasis mit frischen Minzeblättern.
- **Longdrink:** Alkoholisches Getränk mit Wasser, Fruchtsaft oder Soda verlängert, das aufgrund seines niedrigen Alkoholgehalts in größeren Mengen getrunken werden kann.
- **Punsch:** Heißes oder kaltes Getränk auf Rumbasis.
- **Sour:** Alkoholischer Shortdrink mit Limette und Zucker.

Sidecar

Basisgetränk: Cointreau
Stärke: 7
Zubereitung: im Shaker
Servieren: im Cocktailglas
Wird kalt als Digestif getrunken.

⅓ Cointreau, ⅓ Cognac, ⅓ Zitronensaft

Cointreau, Cognac und Zitronensaft in den zur Hälfte mit Eis gefüllten Shaker geben. 15 Sekunden kräftig schütteln und in ein Cocktailglas füllen, dessen Ränder mit Cognac befeuchtet und dann in feinen Zucker getaucht wurden. Mit einem Stück Zitronenschale verzieren.
Sidecar ist ein besonders eleganter und beliebter Klassiker unter den Cocktails.

VARIANTEN

Tampico
⅓ Campari, ⅓ Cointreau, ⅓ Tequila, 2 Spritzer Zitrone
Vermischen, auf Eis servieren.

Black Lady
½ Cointreau, ½ Wodka, 1 Spritzer Zitrone
Im Shaker mischen und kalt mit gestoßenem Eis servieren.

Orange Bowl
½ Cointreau, ½ Orangensaft, 1 Spritzer Angostura
Vermischen, auf Eis servieren.

Pearl River
Wie Orange Bowl zubereiten, aber den Orangensaft durch Zitronensaft ersetzen.

Duke of Buckingham
⅓ Cointreau, ⅓ Whiskey, ⅓ Zitronensaft
Vermischen und auf gestoßenem Eis servieren.

Sarthois
⅓ Cointreau, ⅔ Muscadet, 1 Teelöffel Crème fraîche, 1 Teelöffel feiner Zucker
Im Shaker kräftig schütteln und sehr kalt servieren.

Stinger Tomato

Basisgetränk: weißer Pfefferminzlikör
Stärke: 6
Zubereitung: im Shaker
Servieren: im Cocktailglas
Wird sehr kalt als Aperitif getrunken.

⅓ weißer Pfefferminzlikör, ⅓ Tomatensaft, ⅓ Gin,
1 Spritzer Limette, 1 Prise Salz, 1 Prise Pfeffer

Weißen Minzlikör, Tomatensaft und Gin mit einigen Eiswürfeln in den Shaker geben. Limette beifügen und würzen. 15 Sekunden schütteln und in ein Cocktailglas füllen, das mit einem Spieß aus Cocktailtomaten, Limettenscheiben und Minzeblättern dekoriert wird.
Stinger Tomato ist wie alle Cocktails aus der Familie der Stinger erfrischend und sehr belebend.

VARIANTEN

Classic Stinger
½ Cognac, ½ weißer Pfefferminzlikör, 1 Spritzer Zitrone
Mit Eis im Shaker mischen, langsam in Gläser mit gestoßenem Eis füllen und servieren.

Stinger Mint
⅓ weißer Pfefferminzlikör, ⅓ grüner Pfefferminzlikör, ⅓ Wodka
Im Shaker mischen und auf gestoßenem Eis servieren.

Hot Stinger
½ weißer Pfefferminzlikör, ½ Tequila, 2 Spritzer Limette, 1 kleine rote Pfefferschote
Pfefferminzlikör, Tequila und Zitrone im Shaker mischen. In einem Cocktailglas mit zwei Eiswürfeln servieren. Die kleine Pfefferschote beifügen und den Cocktail relativ schnell trinken, bevor er zu scharf wird.

Cherry Cream

Basisgetränk: Kirschlikör
Stärke: 3
Zubereitung: im Shaker
Servieren: im Weinglas
Wird recht kalt am besten nachmittags getrunken.

1 Eßlöffel feiner Zucker, 1 Teelöffel Crème fraîche,
¼ Kirschwasser, ¾ Kirschlikör oder Sherry

Gestoßenes Eis in den Shaker geben. Zucker, Crème fraîche, Kirschwasser und Kirschlikör beifügen. 30 Sekunden schütteln und im Wein- oder Cocktailglas ohne Eis servieren. Entweder mit zwei frischen, außerhalb der Saison mit Cocktailkirschen garnieren.

Der Gebrauch von Eis in der Bar

Eis ist ein Hauptbestandteil bei der Zubereitung von Cocktails. Abgesehen von heißen Getränken, taucht es eigentlich in allen Mixgetränken in der einen oder anderen Form auf. Eis kommt sowohl in den Shaker, als auch ins Rühr- oder Trinkglas. Manchmal wird ein Cocktail ohne das Eis serviert, mit dem er zubereitet wurde, manchmal wird er noch mit zusätzlichem Eis gereicht. Auch bei den Cocktails auf Wein- oder Champagnerbasis, die ohne Eis serviert werden, hat das Eis schon seinen Dienst geleistet, denn hier wird es vorher zum Kühlen der Flaschen verwendet.

Eis muß immer von bester Qualität sein, das heißt, es sollte aus sauberem Wasser (am besten aus Mineralwasser) hergestellt werden und darf keinesfalls aufgetaut und dann wieder gefroren sein. In den meisten Fällen wird Eis in Form von Würfeln im Gefrierfach oder in der Tiefkühltruhe hergestellt. Je nach Rezept, ist es immer möglich, die Eiswürfel zu gestoßenem Eis zu verarbeiten, indem man sie entweder mit dem Elektromixer oder dem Cutter zerkleinert, oder sie in ein altes sehr sauberes Geschirrtuch wickelt und mit einem Holzhammer zerschlägt. Man sollte das Eis mit der Eiszange handhaben, und es nur möglichst kurz im Eiskühler mit etwas Tafelwasser oder Perrier aufbewahren, damit es nicht aneinanderklebt.

Cherry Cream

Singapore Sling

Singapore Sling

Basisgetränk: Kirschlikör
Stärke: 7
Zubereitung: im Shaker
Servieren: im Whiskeyglas
Wird sehr kalt
am besten abends getrunken.

½ Kirschlikör, ½ Gin, 2 Spritzer Zitrone,
Selterswasser oder Perrier zum Aufgießen

Kirschlikör, Gin und Zitrone in den halb mit Eis gefüllten Shaker geben und 10 Sekunden schütteln. Im Whiskeyglas oder in einem großen Cocktailglas mit ein paar Eiswürfeln servieren. Mit Selterswasser oder Perrier auffüllen und mit einer Scheibe Zitrone und einer Cocktailkirsche garnieren.

Cherry Oyster
(die andere, berühmte Art des Cherry-Brandy-Drink)
1 Teelöffel Essig, 1 Eigelb, 1 Spritzer Worcestershiresauce,
2 Löffel Ketchup, Kirschlikör.
Vermischen ohne das Eigelb zu zerstören. Sehr kalt mit Pfeffer servieren.

TNT

Basisgetränk: Curaçao
Stärke: 8
Zubereitung: im Shaker
Servieren: im Cocktailglas
Wird kalt
am besten abends getrunken.

1/5 Grand Marnier, 1/5 Cointreau, 1/5 Curaçao orange,
1/5 weißer Rum, 1/5 Orangensaft

Grand Marnier, Cointreau, Curaçao orange, weißen Rum und Orangensaft in einen zur Hälfte mit Eiswürfeln gefüllten Shaker geben. 10 Sekunden kräftig schütteln und in ein Cocktailglas mit Zuckerrand gießen. Für den Zuckerrand den Glasrand zuvor mit Curaçao orange befeuchten und dann in feinen Zucker tauchen. Servieren Sie diesen Cocktail doch einmal auf originelle Art in einer ausgehöhlten Orange mit Strohhalm.

TNT

Trinidad

Basisgetränk: Curaçao blue
Stärke: 7
Zubereitung: im Rührglas
Servieren: im Cocktailglas
Wird kalt als Aperitif getrunken.

½ Tequila, ½ Curaçao blue,
1 Teelöffel feiner Zucker, Schweppes zum Auffüllen

Tequila, Curaçao blue und Zucker ins Rührglas geben. Eine Handvoll Eiswürfel zufügen und 20 Sekunden schütteln. Ohne Eis in ein Cocktailglas gießen und mit Schweppes auffüllen. Mit einem Strohhalm trinken, der möglichst genauso intensiv blau ist wie dieser Cocktail.
Curaçao blue ist ein aus Bitterorange, Zucker und Schnaps gewonnener Likör aus den Antillen und hat eine leuchtend blaue Farbe.

VARIANTEN

Blue Lagoon
⅓ Wodka, ⅓ Curaçao blue, ⅓ Zitronensaft
Im Shaker kühlen und auf reichlich Eiswürfeln und Fruchtscheiben in einer großen Schale servieren, aus der alle mit Strohhalmen trinken.

Kourou
¼ Curaçao blue, ¼ Noilly Prat, ¼ Cointreau, ¼ Zitronensaft
Im Shaker mischen und in halb mit Eiswürfeln gefüllten Cocktailgläsern servieren.

Brasiu
½ Curaçao blue, ½ Jerez dry, 1 Eiweiß
30 Sekunden kräftig schütteln und in einem Portweinglas mit einem Eiswürfel servieren. Milder und geschmackvoller Digestif.

Gin Fizz

Basisgetränk: Gin
Stärke: 6
Zubereitung: im Shaker
Servieren: in einem großen Cocktailglas
Wird sehr kalt als Aperitif getrunken.

¼ Zitronensaft, ¾ Gin,
1 Teelöffel feiner Zucker, Selterswasser zum Auffüllen

Auf fünf oder sechs Eiswürfel Zitronensaft, Gin und Zucker in den Shaker geben. 15 Sekunden kräftig schütteln. Ohne das Eis in einem großen Cocktailglas oder in einem Whiskeyglas servieren. Selterswasser und nach Belieben zwei Eiswürfel zufügen. Mit einer Scheibe Zitrone garnieren und mit Strohhalm trinken. Gin Fizz ist der König der Cocktails auf Ginbasis, in der ganzen Welt bekannt und immer schon einer der beliebtesten Aperitifs.

VARIANTEN

Gin Orange Fizz
Ähnlich wie der klassische Gin Fizz. Hier wird jedoch der Zitronensaft durch Orangensaft ersetzt und ein Spritzer Cointreau oder Grand Marnier rundet den Geschmack ab.

Deb's
¼ Vermouth dry, ¾ Gin, 1 Spritzer grüner Chartreuse, 1 Spritzer Ricard, 1 Teelöffel Crème fraîche
Alles zusammen mit gestoßenem Eis 30 Sekunden kräftig schütteln. Ohne das Eis, mit einem Stück Pampelmuse verziert, servieren.

Négroni
⅓ süßer Vermouth, ⅓ Bitter, ⅓ Gin, 1 Stück Zitronenschale
Der Négroni ist ein Mittelding zwischen Americano und Martini dry. Seit einigen Jahren Lieblingsdrink an der Côte d'Azur.

Collins

Basisgetränk: Gin
Stärke: 6
Zubereitung: im Trinkglas
Servieren: in einem großen Cocktailglas
Wird sehr kalt als Aperitif getrunken.

1/5 Zuckersirup, 4/5 Gin, 1 Spritzer Zitronensaft,
1 Spritzer Angostura, Perrier zum Auffüllen

Zuckersirup, Zitrone, Angostura und Gin in ein großes Cocktailglas geben. 10 Sekunden langsam umrühren. Einen Eiswürfel zufügen und nach Belieben mit Perrier auffüllen. Mit einer Scheibe Zitrone verzieren.
Tom, John, Jack, Mike ... die Familie der Collins ist groß, und jedesmal, wenn man den Gin durch einen anderen Alkohol ersetzt, entsteht ein weiterer kleiner Bruder.

Barpflege

Das oberste Prinzip der Barpflege ist permanente, äußerste Sauberkeit, die weder Staub noch Alkohol- oder Sirupkränze duldet. Regale und Arbeitsflächen sind jeden Tag mit einem feuchten Lappen zu säubern, das Spülbecken sollte nach jedem Gebrauch von abgesetztem Fett befreit werden. Die Gläser müssen stets glänzen. Dazu spült man sie unter sehr heißem Wasser mit einem leicht fettlösenden Mittel, immer von Hand, niemals in der Spülmaschine, die neben Scherben auf die Dauer hartnäckige Kalkspuren zurückläßt. Dünne Gläser sind mit Vorsicht zu behandeln, vor allem wenn sie heiß sind. Man darf sie nicht anschlagen oder auf vibrierende Geräte wie etwa den Kühlschrank stellen. Am besten poliert man sie mit einem trokkenen Geschirrtuch, bis sie glänzen. Außerdem sollten Gläser immer umgekehrt stehen, um Staubablagerungen zu vermeiden. Flaschen sollte man erneuern, bevor sie bis auf den letzten Tropfen leer sind. Lieber verjüngt man einen Rest, indem man ihn in die neue Flasche umfüllt.

Collins

Orange Blossom

Orange Blossom

Basisgetränk: Gin
Stärke: 7
Zubereitung: im Shaker
Servieren: im Cocktailglas
Wird sehr kalt
als Aperitif getrunken.

1/7 Mandarinenlikör, 1/7 Grand Marnier, 1/7 Orangensaft,
1/7 Zitronensaft, 1/7 Wodka, 2/7 Gin, 1 Eßlöffel Zucker

Den Shaker halb mit Eis füllen. Mandarinenlikör, Grand Marnier, Orangensaft, Zitronensaft, Wodka, Gin und Zucker zufügen. 20 Sekunden schütteln, damit eine homogene Flüssigkeit entsteht. Mit Orangenschale und einem Strohhalm servieren.

Either Dry Currants

Basisgetränk: Gin
Stärke: 7
Zubereitung: im Cocktailglas
Servieren: im Cocktailglas
Wird kalt als Aperitif getrunken.

1/2 Vermouth dry, 1/2 Gin,
2 Spritzer schwarzer oder roter Johannisbeersirup

Vermouth dry und Gin, beides kalt, in ein Cocktailglas geben. 2 Spritzer schwarzen oder roten Johannisbeersirup zufügen. Je nachdem mit einem Träubchen schwarzer oder roter Johannisbeere garnieren.
Statt des Gin kann man auch Hagebuttenschnaps nehmen.

Lady Smile Gin Tonic

Basisgetränk: Gin
Stärke: 6
Zubereitung: im Shaker
Servieren: im Cocktailglas
Wird sehr kalt
als Aperitif getrunken.

⅓ Bitter, ⅓ Gin, ⅓ Tonic Water,
1 Spritzer Zitrone, 1 Spritzer Orange

Bitter, Gin, Zitronen- und Orangensaft in den Shaker geben. Eis zufügen, 10 Sekunden schütteln. Abseihen und in Cocktailgläsern oder tulpenförmigen Gläsern servieren. Das sehr kalte Tonic Water zugeben. Mit einer Cocktailkirsche garnieren. Diese neue rubinrote Version des Gin Tonic ist weder zu prickelnd, noch zu süß, weder zu bitter, noch zu trocken, sondern von perfekter Ausgewogenheit, die vielleicht eher die Damen als die Herren anspricht.
Man kann den Bitter auch ohne Alkohol für einen weniger starken Cocktail verwenden.

VARIANTEN

Gin Tonic Classic
Gin, Zitronenscheibe, Eiswürfel in ein Glas geben und mit Tonic Water auffüllen.

Gin à la Reims
Kräftige Variante des klassischen Gin Tonic, bei der das Tonic Water durch trockenen oder halbtrockenen gekühlten Champagner ersetzt wird. Kein Eis zufügen.

Applegin

Variante des klassischen Gin Tonic, bei der ein herber Cidre das Tonic Water ersetzt.

Ginger Gin

Variante des Gin Tonic, bei der das Tonic Water durch Ginger Ale ersetzt wird.

Ice Bomb

Zwei Kugeln schwarzes Johannisbeersorbet in den Shaker geben. Mit Gin begießen. Einen Eßlöffel Crème fraîche zufügen, ein paar Sekunden verrühren. In ein hohes Glas füllen und mit Tonic Water aufgießen. Mit zwei dicken Strohhalmen servieren.

White Lady

Basisgetränk: Gin
Stärke: 7
Zubereitung: im Shaker
Servieren: im Cocktailglas
Wird kalt
als Aperitif getrunken.

$\frac{1}{6}$ Zitronensaft, $\frac{2}{6}$ Cointreau, $\frac{3}{6}$ Gin

Zitronensaft, Cointreau und Gin in den zur Hälfte mit Eis gefüllten Shaker geben. 10 Sekunden kräftig schütteln und in einem Cocktailglas servieren. Einen Löffel gestoßenes Eis zufügen.

Pink Lady

Variante des White Lady, bei der man den Cointreau durch einen Spritzer Grenadine ersetzt.

Porto Melone

Porto Melone

Basisgetränk: Portwein
Stärke: 4
Zubereitung: im Shaker
Servieren: in einer ausgehöhlten Melone
Wird sehr kalt
als Aperitif getrunken.

⅕ Cognac, ⅖ Melonensaft, ⅖ Portwein,
2 Eßlöffel feiner Zucker

Melonen, in denen die Cocktails serviert werden sollen, aushöhlen. Das Fruchtfleisch mit dem Portwein, Cognac und Zucker in den Mixer geben und solange verrühren, bis eine dickflüssige, schaumige Mischung entsteht. In die Melonen füllen und mit ein paar Eiswürfeln und Strohhalmen als Aperitif servieren.
Für Porto Melone kann man gut überreife oder zu wenig süße Melonen verwerten. Im letzteren Fall die Zuckermenge etwas erhöhen.

Portwein Flip

Basisgetränk: Portwein
Stärke: 6
Zubereitung: im Shaker
Servieren: im Cocktailglas
Wird kalt am besten nachmittags getrunken.

1/6 Cognac, 5/6 Portwein, 1 Eigelb,
1 Teelöffel feiner Zucker, 1 Messerspitze geriebene Muskatnuß

Den Shaker halb mit Eis füllen. Cognac und Portwein darübergeben. Eigelb und Zucker zufügen. 20 Sekunden kräftig schütteln und ohne Eis servieren. Vor dem Servieren mit Muskatnuß würzen. Portwein ist ein außergewöhnliches Getränk und nach Meinung vieler Weinkenner eines der schönsten. Er sollte allerdings vollständig zu Wein vergoren sein. Portwein eignet sich für zahlreiche raffinierte Cocktails. Es ist aber unnötig, einen 60 Jahre alten Portwein »Tawny« beim Mixen zu verwenden. Ein 10 Jahre alter »Vintage« ist für diesen Zweck vollkommen ausreichend.

VARIANTEN

Portwein Cobbler
1/4 Gin, 1/4 Crème de Cassis, 2/4 Portwein
Im Whiskeyglas mischen, mit Eis und Perrier auffüllen. Außerdem kann man noch Erdbeeren, rote oder schwarze Johannisbeeren, Heidelbeeren oder Himbeeren ins Glas geben.

Portwein Grog
2/3 Portwein, 1/3 Cognac, Zimt, feiner Zucker, Orangenschale
Zutaten erhitzen und in einem Teeglas servieren.

Perlender Portwein
1/4 roter Portwein, 1/4 weißer Portwein, 2/4 Champagner
Alle Zutaten gut gekühlt in eine Sektflöte geben und mit einer Cocktailkirsche garnieren.

Cuba Libre

Basisgetränk: weißer Rum
Stärke: 6
Zubereitung: im Trinkglas
Servieren: in einem hohen Glas
Wird sehr kalt am besten nachmittags getrunken.

1/6 Zitronensaft, 2/6 weißer Rum, 3/6 Coca Cola

Zitronensaft und Rum in ein hohes Glas oder ein großes Whiskeyglas geben und mit Coca Cola auffüllen. Ein oder zwei Eiswürfel zugeben.
Cuba Libre ist der berühmteste Cocktail mit Coca Cola. Er entstand 1898 als Amerika die Spanier aus Kuba vertrieb.

Cap Horn

Basisgetränk: weißer Rum
Stärke: 7
Zubereitung: im Rührglas
Servieren: im Weinglas
Wird relativ kalt am besten nachmittags getrunken.

1/4 weißer Rum, 1/4 Curaçao Triple Sec,
1/4 Bitter Orange, 1/4 Zuckersirup

Rum, Triple Sec, Bitter Orange und Zuckersirup ins Rührglas geben. Mit einem großen Löffel umrühren. Ein paar Eiswürfel zufügen und sofort ohne Eis servieren. Ein Bordeauxglas verzieren, indem man seinen Rand mit Zuckersirup befeuchtet und dann in feinen Zucker taucht. Eine Pampelmusenscheibe als Dekoration erinnert an ein Schiffsruder.

Grog

Basisgetränk: brauner Rum
Stärke: 6
Zubereitung: im Topf
Servieren: im Teeglas
Wird heiß getrunken.

½ brauner Rum, ½ Zuckersirup,
3 Scheiben Zitrone

Rum, Zuckersirup und Zitronenscheiben in einem Topf aufkochen. Kochend ins Teeglas füllen und eine frische Zitronenscheibe zufügen.

Tila Calda
Gefällige Variante des Grog, für welche man den Zuckersirup durch einen recht starken und gut gesüßten Lindenblütentee und die Zitrone durch eine Limette ersetzt.
Grog ist auch ein beliebtes Mixgetränk zur Behandlung von Erkältungskrankheiten.

Grog

Ketch Coco

Ketch Coco

Basisgetränk: brauner Rum
Stärke: 6
Zubereitung: im Rührglas
Servieren: in einem großen Glas
Wird kalt als Aperitif getrunken.

¼ Kokosmilch, ¼ Maracujalikör, 2/4 brauner Rum,
1 Spritzer Limette, 1 Spritzer Zitrone, 2 Eßlöffel feiner Zucker

Ungefähr zehn Eiswürfel ins Rührglas geben. Kokosmilch, Maracujalikör, braunen Rum, die Zitronensäfte und den Zucker zufügen. 30 Sekunden mit dem Löffel umrühren. In großen Gläsern ohne das Eis servieren, mit einem Spieß aus Mango und Limette garnieren.

Maï Tai One

Basisgetränk: Rum
Stärke: 8
Zubereitung: im Shaker
Servieren: in einem großen Cocktailglas
Wird sehr kalt als Aperitif getrunken.

1/7 weißer Rum, 2/7 brauner Rum, 1/7 Cognac, 1/7 Tequila,
1/7 Schlehenlikör, 1/7 Orangensaft, 1 Spritzer Mandelmilchsirup,
1 Spritzer Grenadine

Weißen und braunen Rum, Cognac, Tequila, Schlehenlikör, Orangensaft, Mandelmilchsirup und Grenadine in den halb mit Eis gefüllten Shaker geben. Solange schütteln, bis eine homogene, schäumende Mischung entstanden ist. Ohne Eis in einem großen Cocktailglas oder einer Sektschale servieren. Zwei Eiswürfel zufügen und mit einem Spieß aus Pflaumen und ein paar Scheiben Zitrusfrüchten garnieren.

Piña Colada

Basisgetränk: weißer Rum
Stärke: 5
Zubereitung: im Shaker
Servieren: in einer ausgehöhlten Ananas
Wird kalt am besten nachmittags getrunken.

1/6 Kokosmilch, 1/6 Cognac, 2/6 Ananassaft,
2/6 weißer Rum, 1 Prise Salz, 1 Eßlöffel feiner Zucker,
1 Spritzer Angostura, ein paar Stückchen frische Ananas

In den halb mit Eis gefüllten Shaker Kokosmilch, Cognac, Ananassaft und weißen Rum geben. Mit Salz, Zucker und Angostura abschmecken. 30 Sekunden schütteln und ohne Eis in einem Cocktailglas oder origineller in einer ausgehöhlten Ananas servieren. Ananasstückchen zufügen.

Piña Colada

Ron Bacardi

Mango Mint

Basisgetränk: Rum
Stärke: 6
Zubereitung: im Shaker
Servieren: in einem großen Cocktailglas
Wird kalt am besten nachmittags getrunken.

1/7 grüner Pfefferminzlikör, 2/7 Mangosaft,
2/7 weißer Rum, 2/7 brauner Rum

Weißen und braunen Rum in ein großes Cocktailglas geben, mischen. Minzlikör und Mangosaft in den halb mit Eiswürfeln gefüllten Shaker gießen. 15 Sekunden schütteln. Die ölig gewordene Minz-Mango-Mischung ohne das Eis ins Glas gießen. Zwei Eiswürfel zufügen und servieren, wenn sich die beiden Flüssigkeiten mit unterschiedlichem spezifischen Gewicht wieder trennen.

Ron Bacardi

Basisgetränk: weißer Rum
Stärke: 6
Zubereitung: im Shaker
Servieren: im Cocktailglas
Wird sehr kalt als Aperitif getrunken.

1/6 Zitronensaft, 1/6 Grenadine, 4/6 weißer Rum

Den Shaker halb mit Eis füllen. Rum, Zitronensaft und Grenadine zugeben. 15 Sekunden kräftig schütteln und servieren.

Coco Bacardi
Variante des klassischen Bacardi, bei der die Grenadinemenge zugunsten von 2 Teelöffeln Kokosmilch leicht reduziert wird.

Kokospflaume

Basisgetränk: Pflaumenschnaps
Stärke: 6
Zubereitung: im Shaker
Servieren: in einem hohen Glas
Wird kalt am besten nachmittags getrunken.

⅓ Kokosmilch, ⅔ klarer Pflaumenschnaps,
2 Spritzer Crème de Cassis, 1 Eiweiß

Das Eiweiß in den Shaker geben. Kokosmilch, Pflaumenschnaps, Crème de Cassis und ein paar Eiswürfel beifügen. 30 Sekunden schütteln. Ohne Eis in einem Glas servieren, dessen Rand mit Crème de Cassis befeuchtet und dann in feinen Zucker getaucht worden ist. Mit einer Pflaume oder einem kleinen Stengel schwarzer Johannisbeeren dekorieren.

Birnenwein

Basisgetränk: Birnengeist
Stärke: 6
Zubereitung: im Trinkglas
Servieren: in der Sektflöte
Wird kalt zum Dessert getrunken.

1/6 Williamsbirne, 2/6 Birnensirup, 3/6 süßer Weißwein,
1 Spritzer Erdbeersirup, 1 ganze Birne

Eine Birne mit sehr wenig Wasser und viel Zucker pochieren. Schälen. Den Sirup auffangen und abseihen. Die Birne und den Sirup erkalten lassen. In einer Sektflöte Birnenschnaps, Birnensirup, Weißwein und Erdbeersirup vermischen. Die ganze Birne sowie ein paar Eiswürfel zufügen. Mit dem Strohhalm trinken.

Birnenwein

Eguisheim

Basisgetränk: Kirschwasser
Stärke: 7
Zubereitung: im Trinkglas
Servieren: in einer Champagnerschale
Wird ziemlich kalt getrunken.

1/5 Himbeerlikör, 1/5 Erdbeerlikör,
3/5 Kirschwasser, 1 Eigelb

Himbeer- und Erdbeerlikör in eine Champagnerschale oder in ein tulpenförmiges Glas geben. Das aus dem Kühlschrank kommende Kirschwasser zufügen. Ein Ei aufschlagen und das Eigelb vorsichtig in die Mitte des Glases gleiten lassen. Mit einer kleinen Kuchengabel servieren, damit jeder sein Eigelb selbst verrühren und seinen Cocktail selbst »flippen« kann.

Dieses zugleich sanfte und stärkende Getränk paßt gut zu einem kleinen morgendlichen Imbiß. Kirschwasser ist ein aus Süßkirschen und ihren Kernen gewonnener Schnaps, der vor allem im Elsaß hergestellt wird. Mittelmäßige Qualität macht sich bei Kirschwasser besonders störend bemerkbar. Deshalb sollte man beim Kauf auf seine Reinheit achten und möglichst kein billiges Kirschwasser verwenden.

VARIANTEN

Straßburg-Paris

1/2 Kirschwasser, 1/2 Grand Marnier, 1 Eiswürfel, 1 Stück Orangenschale

Dieser Cocktail verleiht genug Kraft, die 500 Kilometer von Straßburg nach Paris zu Fuß zurückzulegen.

Elsässer

1/3 Bitter, 1/3 Martini rosso, 1/3 Kirschwasser, Cocktailkirschen zum Garnieren

Sehr kalt und mit Mineralwasser aufgefüllt trinken.

Lemon Kirsch

$\frac{1}{3}$ Zitronensaft,
$\frac{2}{3}$ Kirschwasser,
1 Spritzer Noilly Prat
Mit gestoßenem Eis und eventuell einem Eiweiß im Shaker zubereiten.

Wikinger

$\frac{1}{3}$ Kirschwasser, $\frac{1}{3}$ Aquavit,
$\frac{1}{3}$ Wodka,
1 Spritzer Pfefferminzlikör
und Perrier zum Auffüllen

Cocktails schichten

Cocktails aus verschiedenfarbigen Schichten, die sich nicht vermischen, werden auch Pousse-Café genannt. Sie sehen immer interessant aus, auch wenn sie oft von zweifelhafter Geschmacksharmonie sind, weil es dem Barmixer häufig vor allem auf die Farbe und Beschaffenheit der unterschiedlichen Alkoholsorten ankommt, um den gewünschten Effekt zu erzielen.
Die Mehrzahl der professionellen Mixer beherrscht die Kunst des Mixens von Cocktails, ohne daß sich die einzelnen Schichten miteinander vermischen: Sehr langsam und vorsichtig lassen sie die Getränke nacheinander über die gewölbte Rückseite eines Löffels ins Glas gleiten. Ohne dieses Vorgehen erhielte man unscharf voneinander getrennte Schichten von schmutziger Farbe, da die Flüssigkeiten mit ähnlichem spezifischen Gewicht ineinanderlaufen würden.
Eine andere, eher an Labortätigkeiten erinnernde Technik besteht darin, den Alkohol mit Hilfe einer Pipette ins Glas zu geben. Die Pipette wird dazu auf den Grund des Glases geführt, das heißt, man fängt mit dem Alkohol an, der später die oberste Schicht bilden soll. Dann wird der Alkohol, der die zweitoberste Schicht bilden soll, auf den Boden des Glases pipettiert, dann der dritte und so fort bis zur untersten Schicht. Wenn man darauf achtet, daß der Alkohol mit dem größten spezifischen Gewicht nach unten kommt und der mit dem kleinsten spezifischen Gewicht nach oben, geht man mit dieser Methode kein Risiko ein. Dabei gilt, das spezifische Gewicht eines Alkohols ist um so größer, je süßer und um so kleiner, je hochprozentiger er ist.

Soleil Levant

Basisgetränk: Reisschnaps
Stärke: 8
Zubereitung: im Trinkglas
Servieren: im Cocktailglas
Wird relativ kalt
als Digestif getrunken.

⅓ Anisette, ⅓ weißer Rum,
2 Spritzer Grenadine, ⅓ Reisschnaps

Soleil Levant ist in erster Linie ein Cocktail für das Auge. Die verschiedenen Alkohole werden nach ihrem spezifischen Gewicht geschichtet.

Das Prinzip ist ziemlich einfach: Man muß a) wissen, daß die Flüssigkeiten mit dem größten spezifischen Gewicht nach unten sinken, diejenigen mit dem geringsten spezifischen Gewicht nach oben steigen und b), daß das spezifische Gewicht einer Flüssigkeit von ihrem Zuckergehalt abhängt, das heißt, je süßer sie ist desto größer ihr spezifisches Gewicht, und je mehr Alkohol sie enthält, desto geringer ihr spezifisches Gewicht. Die unterste Schicht dieses Cocktails besteht aus Anisette, einer süßen Flüssigkeit. Die mittlere Schicht aus stark mit Grenadine gefärbtem Rum, also einer süßen, aber alkoholhaltigen Flüssigkeit. Die oberste Schicht bildet der sehr alkoholreiche Reisschnaps.

Die Zutaten langsam über einen Löffel oder mit einer Pipette ins Glas geben. Im letzteren Fall mit der obersten Schicht anfangen und mit der untersten aufhören.

Soleil Levant

Champagner Cocktail

Basisgetränk: Champagner
Stärke: 5
Zubereitung: im Trinkglas
Servieren: im Sektglas
Wird gekühlt als Aperitif getrunken.

¼ Fruchtlikör nach Wahl, ¾ gekühlter Champagner, 1 Spritzer Cognac (nach Belieben)

Den gewünschten Fruchtlikör in eine Sektflöte oder Champagnerschale geben. Mit gut gekühltem Champagner oder Sekt auffüllen und mit dem Likör entsprechenden Fruchtscheiben garnieren. Eventuell Cognac zufügen.
Besonders gut eignen sich Crème de Cassis (schwarzer Johannisbeerlikör), Crème de Fraise (Erdbeerlikör), Crème de Framboise (Himbeerlikör), Crème de Banane (Bananenlikör), Kirschlikör, Mandarinenlikör, etc.

Erdbeercocktail

Basisgetränk: Champagner oder Sekt
Stärke: 3
Zubereitung: im Mixer
Servieren: in einem großen Cocktailglas
Wird eiskalt am besten nachmittags getrunken.

2 Kugeln Erdbeereis, ¼ Erdbeerlikör, ¾ Champagner

Die beiden Eiskugeln und den Erdbeerlikör ein paar Sekunden im Mixer mischen. In ein großes Cocktailglas geben und mit kaltem Champagner aufgießen. Mit einer Erdbeere verzieren und mit mehreren Strohhalmen servieren. Zusätzlich kann man den Glasrand mit Erdbeerlikör befeuchten und dann in feinen Zucker tauchen.

Champagner Cocktail

Christina

Basisgetränk: Sekt
Stärke: 6
Zubereitung: im Trinkglas
Servieren: in einer Champagnerschale
Wird sehr kalt als Aperitif getrunken.

1/4 Aprikosenlikör, 1/4 Cointreau, 2/4 Champagner

Aprikosenlikör in eine Sektflöte oder Champagnerschale geben. Cointreau zufügen, mit eiskaltem Champagner oder Sekt auffüllen. Um den Christina prickelnder und weniger schwer zu machen, sollte man das Mischungsverhältnis verändern: 1/5 Aprikosenlikör, 1/5 Cointreau und 3/5 Champagner. Dagegen ergeben 1/3 Aprikosenlikör, 1/3 Cointreau und 1/3 Champagner keinen Aperitif mehr, sondern einen extravaganten Digestif.

VARIANTEN

Blue Bird
Der Aprikosenlikör wird durch blauen Curaçao ersetzt, ansonsten bleibt das Rezept dasselbe wie beim Christina.

Bellini
Pfirsichsaft mit zwei oder drei Eiswürfeln im Mixer verrühren, bis das Eis fein zerstoßen ist. In ein hohes Glas gießen und mit der gleichen Menge Champagner auffüllen.

Classic Champagne
Ein in Angostura getränktes Stück Zucker in eine Champagnerschale legen. Langsam mit Champagner aufgießen. Einen Spritzer Cognac zugeben und mit einem Stück Zitronenschale garnieren.

Krönung
1/5 Jerez dry, 1/5 Noilly Prat, 1 Spritzer Maraschino, 1 Spritzer Angostura, 3/5 Champagner zum Auffüllen.

Chantaco

Basisgetränk: ohne Alkohol
Stärke: 0
Zubereitung: im Trinkglas
Servieren: in einem hohen Glas
Wird sehr kalt
am besten nachmittags getrunken.

¼ Orangensaft, ¼ Zitronensaft,
¼ Pampelmusensaft, ¼ Erdbeersirup

Eiswürfel in ein hohes Glas geben. Langsam den Orangen-, Zitronen- und Pampelmusensaft zugießen. Den Erdbeersirup beifügen. Nicht umrühren. Mit einem Stück Orangenschale und ein paar Erdbeeren garnieren und mit einem dicken Strohhalm servieren.

Colibri

Basisgetränk: ohne Alkohol
Stärke: 0
Zubereitung: im Trinkglas
Servieren: in einem hohen Glas
Wird kalt am besten nachmittags getrunken.

⅕ Zitronensaft, ⅕ Orangensaft, ⅕ Ananassaft,
⅖ Mangosaft, 2 Eßlöffel feiner Zucker, 2 Spritzer Grenadine

Die unterschiedlichen Fruchtsäfte in ein großes Cocktail- oder Whiskeyglas gießen, zuckern und vorsichtig umrühren. Langsam die Grenadine zugeben, die sich auf dem Boden des Glases absetzt. Ein oder zwei Eiswürfel beifügen und mit einem Spieß aus Erdbeeren und Kiwis garnieren.

Johannisbeercocktail

Basisgetränk: ohne Alkohol
Stärke: 0
Zubereitung: im Trinkglas
Servieren: im Weinglas
Wird kühl
am besten nachmittags getrunken.

1/5 schwarzer Johannisbeersirup, 1/5 Stachelbeersaft,
3/5 roter Johannisbeersaft

Den schwarzen Johannisbeersirup in ein Rotweinglas geben, den Stachelbeersaft zufügen. Mit einem kleinen Löffel umrühren und einen Eiswürfel hineingeben.
Der Johannisbeercocktail eignet sich auch gut für ein Kinderfest.

Johannisbeercocktail

Maracuja Cocktail

Maracuja Cocktail

Basisgetränk: ohne Alkohol
Stärke: 0
Zubereitung: im Shaker
Servieren: in einem großen Cocktailglas
Wird sehr kalt
am besten nachmittags getrunken.

1/5 Orangensaft, 1/5 Zitronensaft, 1/5 Mandelmilchsirup,
2/5 Maracujasirup, 1 Eigelb

Shaker halb mit Eiswürfeln füllen. Saft, Sirup und zuletzt das Eigelb dazugeben. 30 Sekunden kräftig schütteln.
Den Glasrand zunächst in Pfefferminzsirup und danach in feinen Zucker tauchen.
Den Maracuja Cocktail ohne Eis servieren.

Merry Milks

Basisgetränk: Milch
Stärke: 0
Zubereitung: im Mixer
Servieren: in einem hohen Glas
Wird kalt getrunken.

Für einen Liter Milch:
2 ganze Eier, 4 Eßlöffel feiner Zucker, Saft einer Orange, 350 g frische Früchte (je nach Saison Erdbeeren, Himbeeren, Aprikosen, Pfirsiche oder exotische Früchte wie Kiwis, Mango etc.)

Früchte waschen, wenn nötig entsteinen. Mit Orangensaft und Zucker im Mixer verrühren. Die Eier zufügen und nochmals mischen. Die Milch beigeben und mit ein paar Eiswürfeln ein drittes Mal mischen. Sehr kalt, mit Strohhalmen servieren. Merry Milks sind schöne Milchmixgetränke, die man auch für ein Kinderfest zubereiten kann. Reichen Sie dazu Marmeladenbrote.

VARIANTEN

Merry Hot Milks
Hier wird der gleiche Cocktail mit einem guten Schuß Marc oder Schnaps der entsprechenden Frucht verfeinert. Ein leckeres Getränk für Erwachsene.

Dame Blanche
¼ Kirschwasser, ¼ Zuckersirup, ²⁄₄ Milch, 1 Spritzer Zitronensaft, 1 Messerspitze Ingwerpulver
Alle Zutaten in ein großes Glas geben, ein Blatt Minze und zwei Eiswürfel zufügen. Gegebenenfalls mit etwas Selterswasser oder Perrier auffüllen.

Alexandra Junior

¼ Crème de Cacao (Kakaolikör), ¾ Milch,
1 Messerspitze Muskatnuß

Milch-Version des berühmten Alexandra mit sehr geringem Alkoholgehalt. Wird im Shaker mit viel Eis zubereitet.

Lacta Punch

¼ weißer Rum, ¼ brauner Rum, 2/4 Milch, 1 Eßlöffel feiner Zucker,
1 Spritzer Zitronensaft, 1 Prise Muskatnuß

Im Shaker kühlen, in ein großes Glasgefäß abseihen, aus dem alle Gäste mit einem dicken Strohhalm trinken.

Ben Nevis

½ Scotch Whisky, ½ Milch, 2 Spritzer Drambuie

Ohne Eis im Shaker mischen und im Whiskyglas auf gestoßenem Eis servieren. Man kann ein oder zwei Nelken in den Shaker geben, die man vor dem Servieren aber wieder herausnehmen sollte.

Nounou

Basisgetränk: ohne Alkohol
Stärke: 0
Zubereitung: im Shaker
Servieren: im Cocktailglas
Wird sehr kalt am besten nachmittags getrunken.

¼ Kokosmilch, ¼ Zuckersirup, ¼ Zitronensaft,
¼ Milch, 1 Spritzer Angostura

Kokosmilch, Zuckersirup, Zitronensaft, Milch und Angostura mit Eiswürfeln in den Shaker geben. 20 Sekunden schütteln und in Gläser füllen, deren Rand man zuvor mit Zuckersirup befeuchtet und dann in feinen Zucker und geriebene Kokosnuß taucht. Ein oder zwei Eiswürfel zufügen und den erfrischenden Cocktail sofort trinken.

Four Seas Tea

Basisgetränk: Tee
Stärke: 5
Zubereitung: im Shaker
Servieren: im Teeglas
Wird sehr kalt
am besten nachmittags getrunken.

$1/5$ Ananassaft, $1/5$ Gin, $1/5$ Curaçao, $2/5$ Ceylon-Tee

Die Getränke der vier Meere, nämlich Tee aus dem Indischen Ozean, Curaçao aus der Karibik, Ananassaft aus dem Pazifik und Gin aus dem Atlantik, mit ein paar Eiswürfeln in den Shaker geben. 10 Sekunden schütteln und abgeseiht servieren.

Four Seas Tea

Cocktails dosieren

Die Mischungsverhältnisse der Cocktails sind in diesem Buch in Bruchzahlen angegeben, zum Beispiel: $\frac{1}{6}$ Martini, $\frac{2}{6}$ Gin, $\frac{3}{6}$ Bitter. Der Nenner gibt die Gesamtzahl der Einzeldosen an, der Zähler die Anteile der jeweiligen Zutat. Alle anderen Angaben beziehen sich jeweils auf ein Cocktailglas. Die einzige Variable ist die Anzahl der Gäste, wonach sich die Anzahl der zu mixenden Cocktails richtet. Die beste Vorgehensweise besteht darin, in ein Meßglas soviel Wasser zu füllen, wie man später Flüssigkeit in jedem einzelnen Cocktailglas haben möchte. Danach wird die Anzahl der erwünschten Cocktails mit der auf dem Meßglas ablesbaren Maßzahl multipliziert und anschließend durch den Nenner der im Rezept angegebenen Verhältniszahlen dividiert. Man erhält so den absoluten Wert einer Einzeldosis. Dieser Wert wird jeweils mit dem Zähler der im Rezept angegebenen Verhältniszahlen multipliziert. Jetzt muß man nur noch jede einzelne Zutat bis zur entsprechenden Höhe in das Meßglas geben und nacheinander in den Shaker oder das Rührglas umfüllen.

Absoluten Feinden der Mathematik wird etwas Fingerspitzengefühl zu Hilfe kommen...

Acapulco

Basisgetränk: Tequila
Stärke: 6
Zubereitung: im Shaker
Servieren: im Cocktailglas
Wird sehr kalt
abends als Aperitif getrunken.

¼ Cointreau, ²⁄₄ Tequila, ¼ Ananassaft,
1 Eßlöffel feiner Zucker, 1 Teelöffel Kokosraspeln

Einige Eiswürfel in den Shaker geben, den Zucker und die Kokosraspeln zufügen. Langsam den zuvor gefilterten Ananassaft zugießen. Danach Cointreau und Tequila zugeben. Den Shaker 20 Sekunden schütteln, das Getränk in Cocktailgläsern servieren. Dabei das Eis zurückbehalten, die Flüssigkeit jedoch nicht durchsieben, damit die Kokosraspeln nicht verloren gehen. Sie setzen sich an der Oberfläche des Cocktails ab und bilden einen Filter. Mit einer Scheibe frischer oder kandierter Ananas verzieren.

Margarita

Margarita ist einer der berühmtesten Cocktails auf Tequila-Basis.
Er wird im Shaker mit viel Eis zubereitet.
³⁄₅ Tequila, ⅕ Zitronensaft, ⅕ Curaçao Triple Sec
Zutaten im Shaker mit Eis mischen.
Wird im Cocktailglas mit Salzrand serviert: Glasrand mit Zitronensaft befeuchten und dann in feines Salz tauchen.

Mariachi

Mariachi

Basisgetränk: Tequila
Stärke: 7
Zubereitung: im Trinkglas
Servieren: im Cocktailglas
Wird sehr kalt als Digestif oder abends getrunken.

⅓ Crème de Citron (Zitronenlikör), ⅔ Tequila,
1 Spritzer Limettensaft, 2 Eßlöffel grüner Pfefferminzlikör

Den grünen Minzlikör in ein Cocktailglas geben. Mit Hilfe eines kleinen Löffels langsam den Zitronenlikör, dann den Tequila zufügen, so daß sich die drei Farben Grün, Gelb, Weiß in einer hübschen Farbabstufung übereinanderschichten. Einen Spritzer Limettensaft und eine Handvoll gestoßenes Eis zugeben.

Tequila Sunrise

Basisgetränk: Tequila
Stärke: 6
Zubereitung: im Trinkglas
Servieren: im Whiskeyglas
Wird kalt am besten abends getrunken.

¼ Tequila, ¾ Orangensaft, 1 Spritzer Grenadine

Tequila in ein flaches, breites Whiskeyglas geben. Orangensaft, dann Grenadine zufügen. Nicht mischen.
Tequila Sunrise ist der berühmteste und meistgetrunkenste aller Cocktails auf Tequilabasis. Seine Färbung erinnert an einen Sonnenaufgang, er ist aber ein spätabendliches Getränk, das kaum müde macht.

Tequila Sunrise

Americano

Basisgetränk: Martini rosso
Stärke: 4
Zubereitung: im Trinkglas
Servieren: in einem hohen Glas
Wird kalt
als Aperitif getrunken.

1/6 Martini dry, 2/6 Bitter, 3/6 Martini rosso

Der Americano wird kaum noch angeboten und ist doch der vielleicht berühmteste aller süßen Cocktails. Hier kann man seiner Phantasie freien Lauf lassen und »seinen« Americano kreieren! Bei unserer Version werden Martini dry, Bitter und Martini rosso in ein hohes Glas auf zwei Eiswürfel gegeben und mit Limetten-, Zitronen- und Orangenscheiben verziert.

Americano

Peach Martini

Basisgetränk: Vermouth
Stärke: 6
Zubereitung: im Shaker
Servieren: in einer Sektschale
Wird kalt
als Aperitif getrunken.

⅓ Pfirsichlikör, ⅓ süßer Vermouth, ⅓ Vermouth dry,
½ frischer Pfirsich pro Glas

Den Shaker halb mit gestoßenem Eis füllen. Pfirsichlikör, süßen und trockenen Vermouth zugeben, 15 Sekunden schütteln. Je einen halben Pfirsich nach dem Abkochen und Schälen mit der gewölbten Seite nach oben in eine große Sektschale oder ein Burgunderglas legen. Den Cocktail mit einem Teil des gestoßenen Eises auf den Pfirsich gießen, diesen aber nicht ganz bedecken: Er schmeckt nicht nur gut, er ist auch eine besonders schöne Dekoration.

VARIANTEN

American Beauty
⅓ Orangensaft, ⅓ Cognac, ⅓ Vermouth dry, 2 Spritzer Portwein, 1 Spritzer Grenadine
Die Zutaten im Shaker mischen. In einem Cocktailglas mit einem Blatt Minze und ein paar Würfeln Honig- oder Wassermelone servieren.

Konsul
⅓ Vermouth dry, ⅓ Vermouth rosso, ⅓ Gin, 2 Spritzer Grand Marnier, 1 Spritzer Zitronensaft
Im Rührglas mit Eis vermischen. In einem Cocktailglas mit einer Scheibe Orange und einer Scheibe Zitrone servieren.

Formel I

1/5 Crème de Cassis, 1/5 Zitronensaft, 1/5 Wodka, 2/5 Vermouth dry direkt in ein Cocktailglas oder ein Bistro-Glas geben. 1 Eiswürfel und 1 Streifen Zitronenschale zufügen. Der Geschmack dieses Cocktails schwankt zwischen Kir und Martini dry.

Deutscher Vermouth

1/5 Orangensaft, 1/5 weiße Anisette, 3/5 Vermouth dry direkt ins Cocktailglas geben. Einen Eiswürfel und ein Stück bittere Orangenschale zufügen.

Der Crustarand

Einige Cocktails kommen erst dann voll zur Geltung, wenn sie in einem Glas mit Zucker- oder Salzrand serviert werden. Um einen Glasrand mit einer Zuckerschicht zu überziehen, muß man ein Ei aufschlagen und das Eiweiß in einer Untertasse auffangen. Das Glas wird zunächst in das Eiweiß und dann in eine zweite Untertasse mit feinem Zucker getaucht. Je tiefer man das Glas in den Zucker taucht, und je länger man es darinläßt, desto dicker wird die Zuckerkruste.

Für einen farbigen Zuckerrand wird der Glasrand anstatt in Eiweiß, zuerst in einen Likör der gewünschten Farbe und anschließend in den Zucker getaucht.

Für Cocktails des Typs Margarita und andere Cocktails auf Tequila-Basis versieht man die Gläser mit einem Salzrand. Dazu reibt man den Glasrand mit einem Stück Zitrone ein und taucht ihn danach in feines Salz. Auf die gleiche Art und Weise kann man Gläser auch mit Kakao, Kaffee oder Kokosraspeln verzieren.

Phantom

Basisgetränk: Weißwein
Stärke: 6
Zubereitung: im Trinkglas
Servieren: in einem Weißweinglas
Wird kalt
als Aperitif getrunken.

1/5 Birnengeist, 4/5 lieblicher Weißwein (Gewürztraminer),
1 Eßlöffel Crème fraîche

Den Birnengeist in ein hochstieliges Weißweinglas geben und mit Wein, möglichst einem Gewürztraminer, auffüllen. Die Crème fraîche zufügen, umrühren. Einen Eiswürfel zufügen und erst servieren, wenn sich die Crème fraîche zum Teil wieder an der Oberfläche abgesetzt hat und einen weißen Streifen bildet.
Phantom ist ein ungewöhnlicher, extravaganter Weißweincocktail.

Banana Flip

1 reife Banane, 1 Eigelb, 1/6 Grenadine, 2/6 Ananassaft, 3/6 trockener Weißwein und Eis in den Mixer geben. In einem großen Glas servieren. Der Banana Flip ist mehr als ein Cocktail, fast schon ein Dessert.

Mixed Kir

Basisgetränk: Wein
Stärke: 5
Zubereitung: im Trinkglas
Servieren: im Weinglas
Wird kühl
als Aperitif getrunken.

Rotwein oder Weißwein, Crème de Cassis

Der Mixed Kir besteht eigentlich aus vier verschiedenen Mischungen von Crème de Cassis und Wein.

VARIANTEN

Cardinal

$\frac{1}{5}$ Crème de Cassis, $\frac{4}{5}$ kühler Rotwein, zum Beispiel Beaujolais.

Kir

$\frac{1}{6}$ Crème de Cassis, $\frac{5}{6}$ kalter Weißwein, zum Beispiel Mâcon.

Blanc Cassé

$\frac{1}{8}$ Crème de Cassis, $\frac{7}{8}$ Weißwein.

Dry Kir

$\frac{1}{6}$ Gin, $\frac{5}{6}$ Weißwein, 1 Spritzer Crème de Cassis.

Nußlikör

Nußlikör

Basisgetränk: Rotwein
Stärke: 6
Zubereitung: im Topf
Servieren: in einer Grogtasse
Wird kalt
als Aperitif getrunken.

1/14 Enzian (Suze), 1/14 Orangensaft, 2/14 Schnaps, 4/14 Zuckersirup,
6/14 Rotwein, 200 g frische Nüsse pro Liter,
Zucker und Gewürze nach Belieben

Wein, Schnaps, Orangensaft, Enzian und Zuckersirup im Topf erhitzen. Nüsse knacken und in den Topf geben. Zudecken und abkühlen lassen. Wenn die Flüssigkeit kalt ist, nach Belieben zuckern und würzen. Ein paar Eiswürfel zufügen und in einer Grogtasse oder einem Henkelglas servieren.

Caledonien

Basisgetränk: schottischer Whisky
Stärke: 6
Zubereitung: im Shaker
Servieren: im Weinglas
Wird sehr kalt als Aperitif getrunken.

¼ Orangensaft, ¼ süßer Vermouth bianco, ²⁄₄ Scotch Whisky,
1 Spritzer weißer Pfefferminzlikör

Eine gute Handvoll gestoßenes Eis in den Shaker geben. Orangensaft, weißen Wermut, Scotch und weißen Minzlikör zufügen. 15 Sekunden schütteln und ohne Eis servieren. Mit einem Stück Wassermelone und einem Zweig frischer Minze dekorieren.

Caledonien

Hampton

Basisgetränk: Bourbon
Stärke: 7
Zubereitung: im Trinkglas
Servieren: im Sektglas
Wird sehr kalt
am besten abends nach dem Essen getrunken.

¼ Martini bianco, ¼ Gin, ²⁄₄ Bourbon,
Champagner zum Auffüllen

Martini bianco, Gin und Bourbon in eine Champagnerschale oder Sektflöte geben. Mit eiskaltem Champagner aufgießen. Dieser exklusive und explosive Cocktail sollte mit größtem Bedacht getrunken werden. Er ist benannt nach Lionel Hampton, der sich beim Klavierspielen durch diesen Champagner-Bourbon inspirieren läßt.

VARIANTEN

Americana
1 Teelöffel feinen Zucker in ½ Bourbon rühren. 1 Spritzer Angostura, 1 Prise Ingwerpulver und 1 Tropfen Zitrone zufügen. Mit ½ gut gekühltem Champagner auffüllen.

Black Bird
1 Teelöffel Crème fraîche mit ein paar Eiswürfeln, ⅓ Kaffeelikör und ⅔ Bourbon 30 Sekunden im Shaker mischen. Black Bird ist eine Art Irish Coffee auf Eis.

G. I.
⅙ Zitronensaft, ²⁄₆ Ananassaft, ³⁄₆ Bourbon im Shaker mischen und mit zwei Eiswürfeln und ein paar frischen Ananasstückchen servieren.

Pentagon

¼ Bourbon, ¼ Drambuie, ¼ süßer Vermouth, ¼ Pampelmusensaft mit Eis im Shaker mischen, abseihen und mit einer schwarzen Olive im Cocktailglas servieren.

Columbia

⅕ Cherry Brandy, ⅕ Sherry dry, ⅕ Gin, ⅖ Bourbon im Rührglas vermischen und im Whiskeyglas auf zwei oder drei Eiswürfeln servieren. Ein stürmischer Cocktail, der in kleinen Mengen genossen Flügel verleiht, die aber sofort wieder gestutzt werden, wenn das vernünftige Maß überschritten ist.

Irish Coffee

Basisgetränk: irischer Whiskey
Stärke: 5
Zubereitung: im Trinkglas
Servieren: im Irish-Coffee-Glas
Wird heiß
nach dem Essen getrunken.

⅓ irischer Whiskey, ⅔ heißer Kaffee, 1 Eßlöffel feiner Zucker, 2 Eßlöffel geschlagene Sahne

Den heißen Kaffee ins Glas geben, zuckern, umrühren. Den Whiskey beifügen, die Sahne schlagen und einen guten Zentimeter davon auf den Cocktail geben. Das Getränk langsam durch die Sahnehaube, die es abkühlt und ihm gleichzeitig seinen cremigen Charakter verleiht, trinken.
Mit Cognac, Armagnac, Calvados oder Bourbon zubereitet, wird der Irish Coffee zu einem French oder American Coffee, der ebenso köstlich schmeckt.

Manhattan

Basisgetränk: schottischer Whisky
Stärke: 7
Zubereitung: im Trinkglas
Servieren: im Whiskeyglas
Wird kalt
als Aperitif getrunken.

⅓ süßer Vermouth, ⅓ Scotch Whisky, ⅓ Bourbon,
1 Spritzer Angostura

Scotch, Bourbon und süßen Vermouth in ein Whiskeyglas geben. Sorgfältig umrühren. Angostura beifügen. Mit oder ohne Eis servieren und mit einer Cocktailkirsche garnieren.

Manhattan Julep
Variante des Manhattan, für welche man den Angostura durch einen Zweig frische Minze und einen Löffel feinen Zucker ersetzt. Eis ist hier unerläßlich.

Manhattan

Whisky Sour

Basisgetränk: schottischer Whisky
Stärke: 7
Zubereitung: im Shaker
Servieren: im Whiskeyglas
Wird kalt
als Aperitif getrunken.

⅓ Bourbon, ⅔ Scotch Whisky,
1 Spritzer Zitronensaft, 1 Spritzer Orangensaft, 2 Teelöffel feiner Zucker

Bourbon, Scotch, Zitronensaft, Orangensaft und Zucker in den zur Hälfte mit Eiswürfeln gefüllten Shaker geben. 20 Sekunden kräftig schütteln und servieren. Mit einem Spieß aus je einer halben Scheibe Orange und einer Cocktailkirsche garnieren.
Whisky Sour ist ein beliebter und bekannter Cocktail, den man in allen Bars der Welt serviert.

Whisky Sour

Bloody Mary

Bloody Mary

Basisgetränk: Wodka
Stärke: 5
Zubereitung: im Trinkglas
Servieren: in einem hohen Glas
Wird sehr kalt
als Aperitif getrunken.

⅓ Wodka, ⅔ Tomatensaft, 1 Spritzer Zitronensaft,
1 Spritzer Worcestershiresauce, Salz, Cayenne-Pfeffer

3 Eiswürfel ins Glas geben. Zitronensaft, Worcestershiresauce und Wodka zufügen. Umrühren. Den Tomatensaft zugeben. Erneut umrühren.

VARIANTEN

Bloody Marine
ist eine Variante des Bloody Mary, bei der man Venusmuschel- oder Austernsaft zusetzt.

Dracula
ist ein starker Bloody Mary mit viel Wodka und scharf gewürzt.

Highlander's Blood
ist ein Bloody Mary auf Gin- anstatt auf Wodka-Basis.

Wolga

Basisgetränk: Wodka
Stärke: 7
Zubereitung: im Trinkglas
Servieren: in einem hohen Glas
Wird kalt
als Digestif getrunken.

⅓ Curaçao blue, ⅓ Wodka, ⅓ Orangenlikör

Wodka und Curaçao blue mischen, in ein hohes Glas geben. Ein paar Eiswürfel zufügen. Langsam den Orangenlikör zugießen, damit die beiden Farbschichten blau und orange nicht ineinanderlaufen. Mit Trinkhalm servieren.

Wolga

Solfatare

Basisgetränk: Wodka
Stärke: 9
Zubereitung: im Trinkglas
Servieren: im Stengelglas
Wird gekühlt
als Digestif getrunken.

⅛ Wodka, ⅛ Cointreau, ⅛ Aquavit, ⅛ Tequila,
⅛ weißer Rum, ⅛ Gin, ⅛ Williamsbirne, ⅛ italienischer Grappa

Eine kleine Dosis aller klaren Schnäpse, welche die Bar zu bieten hat, mit Eis in ein großes Stengelglas geben. Das Glas in einen zur Hälfte mit Wasser gefüllten tiefen Teller stellen. Ein paar Splitter Trockeneis in den Teller geben: Das Eis entwickelt in Verbindung mit dem Wasser Rauch als Hinweis auf die Kraft dieses Cocktails.

Register

Der farbige Ratgeber

Der farbige Ratgeber
Das Auflaufbuch
10272

Der farbige Ratgeber
Das Kartoffelbuch
10268

Der farbige Ratgeber
Das Schokoladenbuch
10283

Der farbige Ratgeber
Cocktails und Drinks
10273

Der farbige Ratgeber
Marmeladen, Konfitüren,
Gelees 10269

Der farbige Ratgeber
Das Honigbuch
10279

GOLDMANN